This book belongs to:

____

www.ingramcontent.com/pod-product-compliance
Lightning Source LLC
Chambersburg PA
CBHW070401220526
45467CB00001B/446
* 9 7 8 1 7 0 8 9 4 4 1 3 1 *